ALGUÉM ME AMA

Alguém me Ama

ALDIVAN TORRES

Canary Of Joy

CONTENTS

1- 1

1

"Alguém me ama"
Aldivan Torres
Alguém me ama

Por: Aldivan Torres
©2020- Aldivan Torres
Todos os direitos reservados.

Este livro, incluindo todas as suas partes, é protegido por Copyright e não pode ser reproduzido sem a permissão do autor, revendido ou transferido.

Aldivan Torres, nascido em Brasil, é um escritor consolidado em vários gêneros. Até agora, os títulos foram publicados em dezenas de idiomas. Desde tenra idade, ele sempre foi um amante da arte de escrever, tendo consolidado uma carreira profissional a partir do segundo semestre de 2013. Ele espera, com seus escritos, contribuir para a cultura internacional, despertando o prazer de ler naqueles que não têm o hábito. Sua missão é conquistar o coração de cada um de seus leitores. Além da literatura, suas principais diversões são música, viagens, amigos, família e o prazer da própria vida. "Pela literatura, igualdade, fraternidade, justiça, dignidade e honra do ser humano sempre" é o seu lema.

Dedicatória e Agradecimentos

Dedico esta obra a minha mãe, a minha família, a meus leitores, a meus seguidores e admiradores. Eu não seria nada sem vocês. Especialmente dedico este trabalho a todos que ainda não encontraram sentido para sua vida.

Agradeço a Deus em primeiro lugar, a meus parentes e a mim mesmo por ter sempre acreditado em meu potencial. Eu ainda vou chegar mais longe.

O Autor

"Em seu coração o homem planeja o seu caminho, mas o Senhor determina os seus passos."

Provérbios 16:9

Conteúdo do Livro

Na esquina

Preconceito contra mulher

Preconceito contra nordestino

Preconceito contra analfabeto

Preconceito contra deficientes

Na esquina

Transexual

Oi, boa tarde, garoto. Estou oferecendo programas sexuais. Você se interessa?

Divine

Não, eu não me interesso. Mas quero te ajudar de alguma forma. A prostituição não é um bom caminho para ninguém.

Transexual

Isso é uma grande surpresa. Até hoje, ninguém se interessou para mim. Nem mesmo minha família. Quando eu me descobri transexual, a primeira coisa que fizeram foi me expulsar de casa.

Divine

Lamento. Isso demonstra a realidade duma sociedade corrompida. Mas eu sou diferente. Eu valorizo a alma do ser humano. Eu não me importo com sua orientação sexual, política, religiosa ou filosófica. Eu te amo da mesma forma que amo as outras pessoas.

Transexual chorando

Quem é você? Eu não estou acreditando no que estou ouvindo.

Divine

Meu nome é Divine. Eu sou o filho de Deus. Eu desci dos céus em busca do rebanho perdido. Eu me importo com você. Eu quero que fique bem.

Transexual

Posso ficar com você? Quero ficar perto de alguém tão especial. Alguém capaz de amar sem reservas.

Divine

Também quero ficar perto de você. Acompanhe-me.

Casa

Sala

Divine

Bem-vindo a minha casa. Moro sozinho há três anos. Desde que separei da minha família, eu vivo aqui.

Transexual

Por que você saiu de casa?

Divine

Eu me sentia infeliz. Todos os dias, eu precisava ser um personagem para agradar minha família. Isso me sufocava. Eu sou homossexual. Ser homossexual no Brasil é equivalente a ser um bandido. Em casa, eu ficava totalmente dividido. Queria viver a vida, mas não podia desagradar minha família. Os dias eram de tristeza e solidão. Foi aí que percebi que nunca seria feliz ali. Então decidi me mudar para a cidade grande para que eu pudesse refletir.

Transexual
E você encontrou o que queria?
Divine
A vida na cidade grande é totalmente diferente daquilo que eu estava acostumado. É uma vida agitada, frenética e desumana. Eu estava sozinho. Ninguém se importava comigo. Os rapazes com quem eu saía só queriam sexo casual e meu dinheiro. Isso me deprimia. Foi aí que dei um basta nessa situação. Eu reafirmei meu valor como ser humano e me concentrei no trabalho. Eu me tornei defensor das minorias e dos excluídos. Por isso eu escolhi você para ser meu amigo.
Transexual
Amigo. Nunca escutei essa palavra antes. Para mim, a vida sempre foi um jogo de interesses. Se você não segue os padrões desta sociedade imoral, simplesmente você é descartado. Por isso os homens só me procuravam quando era do interesse deles. Depois, fingiam que não me conheciam. Geralmente, eram pessoas de alta classe social: Atores, jogadores de futebol, empresários, cantores, enfim, toda a mídia que me condenava. Como isso se explica?
Divine
Nossa sociedade é muito hipócrita. Mas eu não sou como a sociedade. Eu acredito nas boas obras e valores.
Transexual
Muito bom. Você me deixa curioso. Conte um pouco de sua história.
Divine
Eu Vim de muito longe. Nasci no Nordeste Brasileiro, num contexto de opressão, miserabilidade, perseguição e indiferença. Minha infância foi boa, mas desafiadora. Eu não tinha minhas necessidades básicas atendidas. Eu não tinha comida, brinquedos, livros ou vestuário suficientes. Meu sonho era comer pão no café-da-manhã, ter uma bola para brincar e ter

livros para ler. Mas eu não tinha nada disso. Por isso eu me engajei nos estudos. Eu lutei com todas minhas forças para ter uma vida melhor. Depois que consegui uma estabilidade financeira, eu comecei a valorizar meu lado artístico. Hoje sou cineasta, escritor e compositor. Ainda não conquistei meus objetivos, mas minha fé permanece. Eu ainda vou ser muito feliz e vencer.

Transexual

Que história linda. Você merece toda minha admiração. Eu venho duma família da alta classe. Desde que me entendo de gente, eu me vi como mulher. Apesar de ter nascido homem, eu me sentia como uma mulher. Foi muito difícil enfrentar isso. Quando finalmente eu assumi minha orientação sexual, meus pais me expulsaram de casa. Foi um momento muito difícil. A partir dali eu não existia mais para eles. Eu era apenas uma aberração. Sair de casa me trouxe muita experiência de vida. Morar na rua é altamente perigoso, mas edificante. Eu conheci o lado tenebroso da vida. Mas dentro de mim eu sempre senti a presença de Deus me guiando. Eu me sinto amado por Deus. Eu sei que ele não me julga. Descobri isso quando conheci você.

Divine

Que bom que você descobriu isso a tempo. Eu acho que isso é minha missão na terra. Levar luz para quem precisa. Não há nada que pague sua gratidão. Amigos para sempre?

Transexual

Sim. Amigos para sempre. Preciso ir agora. Prometo melhorar como ser humano. Obrigado por tudo.

Divine

Não precisa agradecer. Fique em paz.

Preconceito contra mulher

Divine
O que está acontecendo, Gabrielle? Sinto que você está triste.

Gabrielle
Sabe aquele cargo de chefia que estava vago? O chefe escolheu Jonathan para o cargo. Eu me sinto injustiçada porque eu tinha o melhor desempenho no trabalho.

Divine
Tenha calma! Isso é preconceito. Sou testemunha de que você é a mais capaz para o cargo. Nestes dez anos que você está na empresa, seu desempenho é inspiração para outros funcionários.

Gabrielle
Do que adianta um bom desempenho? Eu não sou reconhecida pelo meu trabalho simplesmente porque sou mulher. Todos me acham incapaz de exercer um cargo de chefia. Pensam que não tenho autoridade necessária. Além disso, nós mulheres temos um salário menor exercendo as mesmas funções de um homem. Até quando essa situação vai permanecer? Eu sou julgada pelo meu gênero e descartada como se não valesse nada. Esse mundo é muito cruel.

Divine
O mundo não é cruel. Cruéis são as pessoas que habitam no mundo. De fato, nossa sociedade é machista. Desde os tempos antigos, achavam que o papel da mulher era procriar e cuidar do homem. Houve bastante avanços quanto a isso nesse século. Mas há ainda um grande preconceito. Eu acho que os homens tem medo. Medo de perceber que as mulheres se tornaram fortes concorrentes no mercado de trabalho. Medo de enfrentar uma mulher independente cheia de valores. Os homens precisam entender que o mundo evoluiu e que o que

vale hoje é o talento. Mas não é que algo que se muda rapidamente. É necessário paciência e mais avanços.

Gabrielle

Concordo com seu posicionamento. Como você agiria, se fosse dono de uma empresa?

Divine

Eu trataria todos igualmente. Na minha empresa, todos teriam iguais oportunidades. Todos seriam avaliados pelas suas capacidades. Poderiam trabalhar na minha empresa: homossexuais, pobres, negros, prostitutas, transexuais, pessoas com tatuagens, pessoas com quaisquer aparências, pessoas de qualquer religião ou crença. Enfim, minha empresa é como meu reino: Todos são iguais perante ele. O que define o homem são seus talentos e bondade. A arvore que dá bom fruto merece uma chance. Entretanto, as arvores estéreis são jogados no lago de fogo e enxofre. É o que a bíblia afirma. Mas este sagrado livro é muito mal usado. Pessoas recorrem a seus escritos para justificar seu próprio preconceito. Lembre-se que a bíblia foi escrita pelo homem. Muitas vezes, eram homens arrogantes e preconceituosos. Não podemos julgar o nosso semelhante em nenhuma hipótese. Jesus veio exatamente para ensinar isso. Mas o mundo não quer enxergar. Vivemos uma era onde pessoas adoram falsos profetas que enriquecem à custa da religião. Esses ensinamentos não são de Deus. O Deus que conheço e que é o verdadeiro, não tem qualquer preconceito. Diante dele somos todos iguais.

Gabrielle

Estou cansada deste mundo. O que devo fazer para entrar em seu reino?

Divine

Faça sempre o bem. Ajude o próximo da melhor forma possível. Pratique a caridade e seus pecados serão perdoados. Pratique os dez mandamentos e os ensinamentos de Jesus. Amai ao próximo como a ti mesmo. Quando amamos verdadeiramente, só podemos praticar o bem. Não julgais. Compreenda, respeite e oriente. Não seja submissa e faça seu trabalho da melhor forma possível. Não permita que os outros dirijam sua vida. Não é porque você é mulher, que tem que obedecer. A liberdade é o maior bem do ser humano e não podemos permitir que ninguém nos roube esse dom. Pare de culpar o mundo pelos seus problemas. Todos nós temos desafios que podemos superar. Basta estratégia, persistência e planejamento. Para tudo o que há no mundo, há uma solução. Só não tem jeito para morte.

Gabrielle

Tenho medo da morte. Tenho medo do depois. Poderia me dar uma palavra de conforto?

Divine

A morte não existe. A morte é apenas uma mudança. No universo, existem espíritos encarnados e desencarnados. Todos eles fazem parte do sistema complexo da vida. Tudo está sobre o controle dum grande poder. A essa força costumamos chamar de Deus. Não cai uma folha sem seu consentimento. Não devemos tentar compreender suas razões. Isso é algo muito superior à nossa mentalidade. Devemos aceitar como as coisas devem ser. Quando conseguimos entender isso, somos finalmente livres para ser feliz.

Gabrielle

Eu queria ser feliz. Venho de três casamentos fracassados. Já estou com quarenta anos e estou sem esperança. Minhas primas e irmãs tem casamentos felizes. Isso significa que eu não tive sorte? Meu destino era ser infeliz?

Divine

Ninguém vem com destino de infelicidade. Todos nós somos muito amados pelo criador. É apenas uma questão de oportunidade e de tempo. Mas em creio no destino. Acho que você não encontrou seu amor. Ele deve aparecer em sua vida em algum momento. Tem pessoas que encontram sua alma gêmea aos vinte anos, outras pessoas aos trinta anos e assim sucessivamente. Todas as coisas tem sua hora certa de acontecer. Não adianta querer apressar as coisas. Isso nunca dá certo. Precisamos esperar nosso momento de felicidade e aproveitá-lo enquanto vida tivermos. A vida é incompreensível e é uma grande caixa de surpresas. Apenas viva. Não se preocupe com o futuro. Jesus disse: cada dia tem sua preocupação. Quem vive se preocupando com o futuro não aproveita o presente. Quando perceber isso, deixou de aproveitar momentos felizes. Eu acho que a vida é isso. Uma reunião de momentos felizes e tristes. Portanto, nunca deixe de acreditar em si mesma. Um dia seu talento será reconhecido. Lute pelo que acredita e nunca desista.

Gabrielle

Obrigado por me animar. Agora, eu me sinto melhor. Eu vou continuar com minha trajetória com a esperança de que as coisas melhorem.

Preconceito contra negro

No ambiente de trabalho

Negro

Bom dia. Estou à procura do meu primeiro trabalho. Poderia me dar uma chance?

Chefe

Num escritório de advocacia? Você enlouqueceu? Aqui não é lugar para seu tipo de gente.

Negro

Meu tipo de pessoa? O que quer dizer?

Chefe

Estamos contratado bacharéis em direito. Somente pessoas muito capacitadas podem ocupar o cargo. Entendeu?

Negro

Mas eu sou formado em direito. O que mais é necessário?
Chefe
Ser branco e de classe média. Não suportamos alpinistas sociais no nosso escritório. Nós somos tradicionais.
Negro
Compreendo. Estou sendo rejeitado por causa da minha raça. Já pensou que injustiça está cometendo? Você está sendo preconceituoso com um profissional antes mesmo de conhece-lo.
Chefe
Não me importo com isso. A sociedade foi construída dessa forma. Vocês são uma raça inferior e devem sofrer. Não há lugar para você aqui. Vá procurar emprego em outro lugar. Talvez tenha sorte e consiga uma vaga de faxineiro.
Negro
Não seria vergonha eu ser faxineiro. Todo trabalho tem seu valor. Perdoe-me, quem não quer trabalhar nesse lugar sou eu. Não suporto gente asquerosa como você.
Chefe
Suma da minha visão! Você já me tomou muito tempo.
Negro
Eu vou embora, mas ainda vou dar a volta por cima.
Na casa da namorada
Namorada
Mãe, este é meu namorado. Ele era meu colega na faculdade de direito.
Negro
Oi, eu me chamo George. Como a senhora está?
Mãe
Por favor! Como teve coragem? Você não se enxerga? Como aceitou namorar com minha filha sabendo que ela é duma família tradicional e cheia de classe? Por que não namora uma

mulher suburbana qualquer? Já ouviu o ditado? Cada macaco no seu galho.

Namorada

Mãe, não me envergonha. Ele é um ótimo rapaz. Trabalhador, honesto e cheio de valores. Estamos no século vinte e um, lembra?

MÃE

Algumas coisas não mudam, minha filha. Nosso meio social é muito exigente e seletivo. Nunca vou aceitar uma coisa dessas. Seríamos a piada em todos os jornais. Isso por mim está acabado!

George

Sua mãe tem razão, Julie. A diferença social entre nós é muito grande. Eu sou negro e não serei bem aceito em seu círculo social. Você merece um homem melhor do que eu. Um homem branco e de classe média.

Julie

Eu não entendo isso. Eu só sei que te amo. Mas também amo meus pais. Não quero fazê-los sofrer. Creio que não possamos ficar juntos. Resta para nós desejar sorte um ao outro.

George

Exatamente. Deus é sempre bom. Nós seremos felizes de uma forma ou de outra.

Na ponte

Divine

Por que está pensativo, jovem? Aconteceu alguma coisa?

George

Perdi muitas coisas na vida por causa da minha raça. Eu não entendo porque nasci assim e porque há tanta discriminação. Parece que eu vim ao mundo para sofrer. Será que eu deveria morrer duma vez e acabar com meu sofrimento?

Divine

Não fale isso nem de brincadeira. Eu sei que há muita rejeição no mundo. Porém, eu sou diferente do mundo. Eu te amo pelo que você é. Fique longe dessas pessoas pouco evoluídas. Fique próximo de quem gosta de você. Isso vai aliviar seu sofrimento. Quanto a seus inimigos, mostre a eles sua capacidade. Eles vão ficar envergonhados.

George

Quem é você? Você é um louco ou um santo? Nunca encontrei alguém me amasse pelo que sou.

Divine

Eu sou o filho de Deus. Alguém que desceu dos céus para contribuir na evolução da humanidade. Alguém que pode causar contradição por ser do Grupo LGBT, outro grupo discriminado pela sociedade. Eu sei como se sente. Também já sofri muito, mas sobrevivi. Aprendi a ser feliz da minha forma. Nós somos os únicos responsáveis pelo nosso sucesso e felicidade.

George

Bacana. Você é realmente alguém muito especial. Eu me sinto à vontade com você. Tenho tanta coisa para te falar.

Divine

Pode falar. Faça de conta que está conversando com um amigo. Nesta vida de expiação e provas, estamos sujeitos a altos e baixos. Precisamos reunir nossa força interior e prosseguir com nossa caminhada.

George

Sabe de uma coisa, filho de Deus, eu nunca me senti um coitado. Eu sofri em silêncio por anos, mas sempre acreditei em meu potencial. Nunca me aproveitei dessa fragilidade cultural para ficar bem. Eu sempre fui um aluno exemplar, um ótimo filho e um cidadão cumpridor dos meus deveres. Nunca roubei e nem matei apesar de muitas vezes pensarem isso de mim por causa da minha raça. É uma perseguição histórica. Agradeço muito a valorosos personagens como Nelson Mandela e Martin Luther King por terem conseguido tantos avanços para nossa causa. O mundo já progrediu bastante. Mas acho que a discriminação é algo que sempre vai existir. Faz parte da natureza humana de algumas pessoas medíocres.

Divine

Nós somos as vozes do presente. Se quisermos, podemos mudar a história. Não vamos nos calar. Precisamos proteger as minorias. Eu encaro isso como uma luta do bem e do mal. Nós somos parte do bem. Somos guerreiros e não fugimos da luta.

George

Estou orgulhoso de nós. Obrigado por me dar ânimo. Eu sei que sou amado e vou continuar.

Divine

Somos amados por Deus e por nossa família. Ainda bem que você se recuperou. Agora é só seguir em frente com Deus. Muita sorte para você.

George

Obrigado. Toda sorte do mundo para nós.

Preconceito de religião

Amiga

Ainda bem que você chegou, Divine. Estava ansiosa para falar com você.

Divine

Eu percebi isso na sua chamada telefônica. O que foi que aconteceu?

Amiga

Minha mãe proibiu uma amiga minha de frequentar minha casa porque ela é espírita.

Divine

Meu Deus! Que tragédia! Isso não era motivo para descartar ela. Mas usam esse tipo de segregação. Em verdade, a religião divide o mundo ao invés de unir.

Amiga

Concordo. Eu discordo da minha mãe. Eu acho que as pessoas deviam ser julgadas pelos valores. O que você acha?

Divine

O meu Deus é um Deus universal. Ele se faz presente em todas as doutrinas boas. Religião nunca salvará ninguém. O que salva o homem são suas boas obras. Todos somos iguais desde quando nascemos. Não importa que escolhas fizermos, não seremos superiores a ninguém. Há muitas moradas na casa do meu pai. Todos são chamados para salvação. Entretanto, alguns rebeldes preferem seguir o mau caminho. Deus respeita essa decisão porque deu livre arbítrio ao homem. Porém, o lago de fogo e enxofre é reservado aos infiéis. Eu acredito muito na lei do retorno. O universo nos devolve aquilo que desejamos ou fazemos ao outro. A vida é justa com todos pois cada um tem aquilo que merece. Faça o bem e colherá o bem. Pratique o mal e sofra as consequências. Nunca subestime ninguém pois o mundo gira muito. Aquele que está embaixo pode subir de classe a qualquer momento. Portanto, trate bem o patrão ou empregado pois ambos merecem respeito.

Amiga

Você é um ser espetacular. Obrigada por ser meu amigo. Somos cristãos e, mais do que isso, somos humanos. Esse preconceito religioso é bastante comum em nossa sociedade. É uma hipocrisia geral. Tem pessoas que dizem: Eu frequento a igreja e estou salvo.

Divine

Engana-se quem acha que a igreja o salvará. A igreja somos nós. Nós somos templo do espírito santo e para poder se comunicar com o criador não precisamos ir a nenhuma igreja. Essa necessidade de as pessoas mostrarem sua religiosidade não é garantia de salvação. Ao contrário, tem muitos seres perversos dentro da igreja. Pecado se paga com caridade.

Amiga

Muitas dessas associações religiosas acabam se aproveitando para pedir dinheiro aos fiéis. O que você acha disso?

Divine

Não sou contra dar o dízimo ou qualquer outra contribuição para manter a igreja funcionando. O que sou contra são esses falsos profetas que se aproveitam da fé alheia para ganhar dinheiro. Muitos deles enriquecem à custa dos tolos fiéis. Isso não é caridade. Isso é burrice. Você tem dinheiro e quer ajudar? Ajude os moradores de rua e mendigos. As pessoas em vulnerabilidade social são as que mais precisam de nosso apoio. Conhece algum bom projeto social? Contribua sempre que puder. Isso é o que chamamos de caridade. Faça o bem e receberá a recompensa.

Amiga

O que acha do preconceito praticado por alguns cristãos contra as minorias?

Divine

Esses falsos cristãos pensam que enganam a quem? Deus é amor e tolerância. Qualquer coisa fora disso não vem de Deus. Somos todos iguais diante de Deus. Todos temos a mesma chance de viver e de crescer. Basta acreditar e lutar pelos seus sonhos. Não creio que esses falsos cristãos moralistas sejam melhores do que ninguém. Ninguém tem o poder de julgar ninguém. O único justo juiz se chama "Jesus Cristo". Quando Jesus veio na terra, ele não excluiu ninguém. O seu sacrifício na cruz e sua dor foi por toda humanidade. Na cruz ele salvou o branco, o negro, o gordo, o magro, o heterossexual, o homossexual e até o transexual. Se Deus é por nós quem será contra nós? O homem que age bem não deve temer julgamentos terrenos. Siga seus valores e seja feliz.

Preconceito contra nordestino

No trabalho

José

Bom dia. Vim tentar arranjar meu primeiro trabalho. Você poderia me ajudar?

Chefe

Sou o gerente desse local. Você tem um sotaque peculiar. De qual região do país você é?

José

Eu venho do Nordeste. Depois de uma grande seca, me mudei para cá. No Nordeste está muito difícil de arranjar trabalho.

Chefe

Entendi. Qual sua escolaridade?

José

Tenho ensino médio completo.

Chefe

Praticamente analfabeto e nordestino. Você acha que pode trabalhar numa loja de roupas?

José

Eu posso trabalhar numa função mais simples como faxineiro ou vendedor. Sou bastante simpático.

Chefe

Meu querido, é preciso muito mais que simpatia para vender. É necessário classe social e isso você não tem. Não sei o que você veio fazer no Sudeste. Devia ter ficado no seu Nordeste. Estamos fartos de tipos como você por aqui.

José

Não precisa me xingar. Eu já entendi que não tenho lugar nesta empresa. Tudo bem, já vou embora. Obrigado pela atenção.

Na rua

José

Moça, você é muito linda. Poderia me dar seu contato para que possamos ir para festa mais tarde?
Linda
Não dou meu contato a estranhos. Eu conheço você. É um nordestino sem futuro. Eu sou uma moça de classe. Você não se enxerga? Acha mesmo que eu ficaria com um caipira feito você?
José
Calma, moça. Não te compreendo. Eu sou bonito, trabalhador e tenho bom caráter. Por que você não me namoraria?
Linda
Mas não tem classe social. É um nordestino pobre. O mundo é feito de aparências. Um homem para me namorar tem que ser rico, branco e natural do Sudeste. Você pode namorar no máximo com uma empregada. Caia na real. O mundo não é feito de fantasia. O mundo é duro e tradicional. Somos aquilo que os outros pensam que nós somos.
José
Que decepção. Tudo bem, moça linda. Você tem o direito de escolha. Mas você acaba de perder um ótimo parceiro. Não há problema em namorar com a empregada. O importante é o respeito um ao outro. Espero que encontre um ótimo hoje e seja feliz.
Linda
Obrigada por isso. Agora, me deixe em paz.
No clube
José
Boa noite, moço. Sou cantor. Poderia cantar neste lugar?
Dono
Talvez. Que tipo de música você canta?
José
Eu canto forró.
Dono

Por acaso, você é nordestino?

José

Sim. Tenho muito orgulho das minhas origens. O Nordeste tem um povo abençoado, cheio de cultura, tradições e alegria.

Dono

Que pena! Eu não gosto de nordestinos. Com certeza, você deve ser um cantor péssimo. Não tem lugar para nordestino aqui. Pode ir embora.

José

Está bem. Eu vou embora. Isso é preconceito. Mas eu vou superar!

No quarto

José

Meu Deus! Quanto sofrimento estou passando. Estou sentindo o preconceito de ser nordestino no sudeste do país. Tenho que reagir para poder me impor. Eu tenho que mostrar digno do sucesso. Eu preciso acreditar em mim mesmo.

Divine

Calma, José. Eu também sou nordestino. Sei bem como se sente. Erga a cabeça e siga em frente.

José

Quem é você e como devo agir?

Divine

Eu sou Divine. Eu sei o que é sofrimento. Além de nordestino, eu fui muito pobre. Mas nunca me dei por vencido. Eu sempre lutei pelos meus sonhos com toda disposição que eu tinha. Eu estudei bastante, passei em concursos públicos e me tornei um grande artista. Hoje sou reconhecido internacionalmente pela minha obra. Fui rejeitado mais de quinhentas vezes pelas outras pessoas. Chegou um momento da minha vida que parei de insistir com isso. Por que eu tinha me humilhar por um pouco de carinho e atenção? Eu coloquei minha felicidade na mão dos outros e isso não me trouxe resultados. Quando eu passei a protagonista da minha história, eu pude entender meu grande valor. Atualmente, sou feliz mesmo sozinho e não tenho nenhum medo do futuro. Acredite em si mesmo. Não desista na primeira negativa. Busque seu sonho. Acredite no seu potencial. O sucesso espera você. Não deixe que os outros conduza sua vida. Tome suas próprias decisões e seja independente. Sendo feliz consigo mesmo, estará preparado para viver momentos felizes. Viva e realize seus desejos. Seja o guia do seu próprio destino. Creia no amor de Deus. Ele nunca te abandona.

José

Grande sábio, obrigado por sua ajuda. Já me sinto melhor mais animado. Prometo não desistir. Eu vou mostrar do que o nordestino é capaz.

Divine

Muito bem. É assim que se fala. Estou torcendo por você. Todo o sucesso do mundo para você.

Preconceito contra analfabeto

No comércio

mulher

O que deseja, senhor?

Homem

Quero comprar algumas coisas, mas não sei ler. Poderia me ajudar?

mulher

Não tenho porque ajudar. Tenha vergonha! Por que não estudou? A escola é aberta para todos. No mundo que vivemos hoje, não há mais lugar para analfabetos.

Homem

Eu sei disso. Mas não tive oportunidade de estudar porque sou muito pobre. Eu tive que trabalhar desde cedo para poder me sustentar. Foi um caminho difícil e angustiante.

Mulher

Pense que pode estudar em qualquer idade. Estudar é o passaporte para a nossa liberdade. Sem isso, o ser humano não é digno.

Homem

Entendo. Prometo repensar minha decisão. Estou mais maduro e mais experiente. Com certeza, você tem toda razão. Vou buscar uma saída. Grato por tudo.

Mulher

Não precisa agradecer. Eu fico feliz com sua decisão. Boa sorte e sucesso.

Na escola

Professora

Temos um novo aluno na sala. O que te trouxe para a escola?

Homem

O conselho de uma amiga. Eu entendo que o estudo deve ser nosso principal objetivo em nossas vidas. Precisamos priorizar nossa educação. Ela nos leva a conquistas grandiosas. Com a educação, podemos evoluir como ser humano e como cidadão. A educação é a chave do sucesso.

Professora

Ainda bem que você percebeu isso. Imagino que não deve ser fácil tomar esta decisão. Eu te conheço. Você vem da classe baixa. Admiro sua disposição de crescer. É um exemplo dentre muitos. Hoje em dia, o que vemos é o contrário disso. Vemos materialismo, jovens envolvidos em roubos, drogas e assaltos. Vemos com isso muitas vidas perdidas e desperdiçadas. Entretanto, sempre há tempo de ter um novo rumo. É sempre tempo de renascer e buscar sabedoria.

Homem

Verdade! Minha trajetória foi bastante sofrida. Na minha adolescência, tive que escolher trabalhar para poder sobreviver. Essa é a realidade de muitos. Vivemos num país cheio de desigualdades sociais e injustiças. Ainda que estudemos, não temos espaço no mercado de trabalho. Temos pessoas com doutorado e desempregadas. Só o estudo não é suficiente. Precisamos de políticas públicas de inclusão. Precisamos de crescimento estrutural do mercado de trabalho. Precisamos atrair investimentos em todos os setores da economia. É preciso uma reestruturação em todos os setores para que possamos ter esperança de dias melhores.

Professora

Sim. Precisamos de tudo isso. Mas enquanto não temos, precisamos buscar nossos sonhos. Precisamos acreditar em nossas potencialidades. Boa sorte para você! Obrigado.

No bar

Homem

Amigo, fui destratado por ser analfabeto. Eu fiquei tão triste.

Divine

Esse preconceito é muito comum. Com a revolução tecnológica, o mundo nos exige cada vez mais. Mas isso não é motivo para preconceito. Precisamos respeitar as pessoas como elas são.

Homem

Quem é você?

Divine

Eu sou o filho de Deus. Alguém que te ama a toda prova. Eu sei que você sofre. Mas eu queria dizer a você para não desanimar. Pense nas pessoas que gostam de você. Aproxime-se delas. Fique bem com quem quer seu bem e perdoe os inimigos. Enfrente os obstáculos de cabeça erguida. Se fracassar, não desista. Faça um novo planejamento e continue. Um dia, a vitória chegará. Tudo tem seu tempo certo. Todas as coisas são de acordo com a vontade divina. Precisamos saber compreender isso.

Homem

Muito bem. Você me deixou encantado. Qual é sua história?

Divine

Minha origem é humilde. Sou filho de agricultores, mas fui criado com muito zelo. Agradeço tudo o que tenho a meus pais. Cresci acreditando nos bons valores. Sempre acreditei em meus sonhos, fui honesto e trabalhador. Eu sou um ser sem preconceitos e consegui perdoar meus inimigos. Hoje, meu espírito está em paz.

Homem

Queria ser como você, mas às vezes sou vingativo. Por que devo pedir desculpas se quem errou foi o outro? Que tolice é essa? Eu sempre me amei acima de qualquer coisa. Eu nunca me humilhei para ninguém. Uma coisa é ser bom, outra coisa bem diferente é ser tolo. Eu nunca fui tolo. Mas sempre fui uma pessoa honesta, discreta e de bons valores.

Divine

Você tem razão em alguns pontos. Mas não posso mudar meu caráter. Eu sou um pequeno sonhador. Uso a arte como forma de expressão e assim encanto meus seguidores. Isso é uma terapia e uma libertação para mim. Eu me sinto muito feliz.

Homem

Que bom que encontrou seu caminho. Admiro pessoas talentos como você e dou todo apoio. Seja muito feliz.

Divine

Muito obrigado e boa sorte também.

Preconceito contra deficientes

Reunião de amigos

deficiente

Sou um deficiente e isso é um grande desafio. Tenho desafios físicos, psicológicos e sociais. Eu vivo numa era de turbulência. Ser deficiente é muito triste. Não temos o respeito das pessoas, da família nem de ninguém. O que me move é a vontade de crescer e vencer. O que me move é uma força que chamamos de Deus. Pela minha experiência, posso dizer: Você pode vencer. Não importa quais obstáculos enfrente, você pode superar todos. Não importa seu gênero, raça, orientação sexual ou qualquer especificidade. O que importa é você ser livre para escolher seu próprio caminho. Então, irmãos, vos digo: Acreditem em seu potencial.

Divine

Entendo sua situação. Todos nós vivemos grandes desafios. Sou filho de agricultores, moreno e nordestino. Eu sei o que é sofrimento. Vou contar um pouco da minha trajetória: Meu sonho na literatura iniciou-se ainda bem jovem, na minha adolescência. A fundação Possidônio Tenório de Brito abriu uma boa biblioteca em minha comunidade e dividindo meu tempo na escola, o trabalho na roça e a leitura passava meus dias. Perdi a conta de quantas coleções de livros eu devorei nesta época. Ser leitor era mesmo um barato, mas eu queria mais. Cresci neste mundo de sonhos com saúde. Já na idade adulta em 2006, quando um problema relativamente grave de saúde debilitou-me a ponto de eu sentir-me incapaz, a literatura foi uma válvula de escape para que eu pudesse aos poucos me libertar dos meus demônios internos. Nesta época, escrevi um pequeno livro em algumas folhas de rascunho. Nesta época, era impensável para mim ter um computador devido as minhas condições desfavoráveis. Não era aquele o meu momento. Guardei meus rascunhos para uma data posterior. Em 2007, comecei a digitar meu livro nos intervalos do trabalho guardando-o no disquete. Tive tanto mal sorte que o disquete queimou. Iniciei o curso de licenciatura em Matemática e mais uma vez deixei meu sonho de lado. Terminei o ensino superior em 2010 e no ano seguinte comprei meu primeiro notebook. Nesta época, já tinha escrito o meu primeiro romance e priorizei sua digitação. Lancei ele neste mesmo ano. Realizara meu sonho de ser autor publicado muito embora minha situação financeira fosse ainda catastrófica. Parei novamente com meu sonho. No momento que já não esperava mais, passei num concurso público e retomei a literatura no fim de 2013.Escrevi muitos outros livros e lancei outros. Só de sentir o prazer de que leitores do meu país e de outros países leiam meus escritos já valeu a pena todo o meu esforço. O meu objetivo na literatura vai além do dinheiro, como renda tenho meu emprego. É partilhar conceitos, transformar e criar novos mundos. É tocar pessoas e fazê-las mais humanas numa cultura de paz. É acreditar que mesmo enfrentando a labuta normal, problemas que todo mundo tem, eu posso sonhar com dias melhores. A literatura me transformou por completo e todos ao meu redor. Devo tudo a meu Deus grandioso que sempre me apoia. Eu continuarei meu caminho com fé no coração e imortalizando este dom de Deus para sempre. Por isto meus caros colegas, nunca desistam de seus sonhos. Você também é capaz!

Guardiã

Eu faço parte desta trajetória maravilhosa. Conheci o vidente na subida da montanha e logo vi seu potencial. Automaticamente, criamos um laço duradouro e infinito. Sou sua mestra e aprendiz. Creio que devemos respeitar todos igualmente. Todos têm potencial de vencer. Precisamos entender as dificuldades do outro e motivá-los a buscar seus sonhos. Precisamos fazer a diferença. Por isso somos a equipe mais respeitada do mundo. Somos requisitados para os maiores desafios e superamos.

Renato

Eu aprendo muito com todos vocês. Vocês são parte da minha família. Cada aventura vivida é um aprendizado para mim. Precisamos respeitar os deficientes. Eles são altamente capazes de ter conquistas e vencer. Precisamos apoiar todas as pessoas para que elas cresçam e sejam felizes. Só assim construiremos algo de felicidade.

Final

www.ingramcontent.com/pod-product-compliance
Lightning Source LLC
LaVergne TN
LVHW020454080526
838202LV00055B/5446